APRENDE A JUGAR AL
FÚTBOL

La guía esencial

Nuestro agradecimiento a Martin McMahon, Nick Allpress,
Neal McLoughlin, Chris Mattey, Martin Elcox,
California FC y Asociación Eversley Sports

© SAN PABLO 2012
Protasio Gómez, 11-15. 28027 Madrid
Tel. 917 425 113 - Fax 917 425 723
secretaria.edit@sanpablo.es - www.sanpablo.es

© Macmillan Children's Books 2012
Título original: *Football skills*
Traducido por *María Jesús García González*

Distribución: SAN PABLO. División Comercial
Resina, 1. 28021 Madrid
Tel. 917 987 375 - Fax 915 052 050
ventas@sanpablo.es

ISBN: 978-84-285-3944-9
Printed in China. Impreso en China

APRENDE A JUGAR AL
FÚTBOL

La guía esencial

Texto de Clive Gifford

SAN PABLO

Índice

Un juego precioso

Pelé, leyenda brasileña del fútbol, describió en cierta ocasión el fútbol como un «juego precioso». Los partidos pueden ser apasionantes y emocionantes. En ellos se pueden presenciar momentos de valor, de polémica, de gran habilidad y de acción. Dos equipos de jugadores luchan por hacerse con el control del balón, atacar la línea de meta del rival y tratar de marcar un gol.

Los partidos se ganan con goles, pero los equipos tienen que defender para que el contrario no marque y tratar de ganar el encuentro. Cuando tienen la pelota, los jugadores pueden usar todas las partes de su cuerpo, excepto las manos y los brazos, para controlarla, moverla y pasarla a un compañero de equipo.

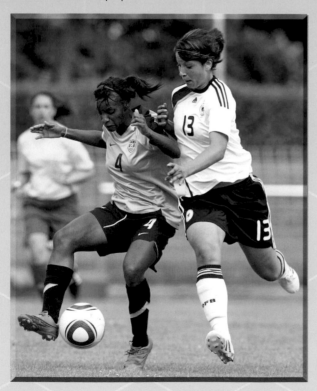

La alemana Sylvia Arnold (derecha) lucha contra la estadounidense Crystal Dunn durante un partido internacional. Los mejores jugadores tienen la oportunidad de representar a su país en diferentes torneos.

«Jugar al fútbol es fácil; lo difícil es jugar simplemente al fútbol».

Johan Cruyff

Unos niños de la ciudad de Niamey, Nigeria, usan la calle como campo de juego improvisado. Como para la práctica del fútbol se necesita poca equipación, millones de personas en todo el mundo lo juegan a diario.

Muchas civilizaciones antiguas, como la egipcia y la china, practicaban juegos en los que había que golpear una pelota. Sin embargo, la versión moderna del juego tuvo su origen histórico en Inglaterra, donde, en el siglo XIX, se crearon las primeras reglas del juego. Desde entonces el fútbol se ha exportado a todo el mundo y se ha convertido en el deporte de equipo más popular del planeta.

Wayne Rooney hace un remate espectacular durante un partido entre su club, el Manchester United, y su rival local, el Manchester City.

Unos jugadores compiten en un partido en plena calle en el siglo XVIII. El fútbol se desarrolló a partir de un juego sin reglas hasta convertirse en un juego a nivel mundial.

Unos jugadores celebran un gol marcado por un compañero. Aunque el jugador vio el momento mágico de marcar el gol, fue el trabajo de equipo de sus compañeros lo que permitió crear la oportunidad de lanzar a portería.

POSESIÓN: cuando un jugador o equipo tiene el control del balón.

Términos

El campo

El campo es el lugar donde se forjan las estrellas, se marcan los goles y se ganan o pierden partidos. A diferencia de otros deportes, el campo de fútbol puede variar de tamaño. Las dimensiones de un campo de fútbol son entre 90 y 120 m de largo y 90 m de ancho. En los partidos internacionales la superficie del terreno suele estar cubierta de césped, aunque en algunos estadios hay césped artificial.

Los futbolistas de élite suelen acabar exhaustos al final del partido: durante un partido pueden correr entre 10 y 12 km. El juego sólo se detiene cuando el árbitro pita una falta u otra infracción o cuando el balón sale fuera del terreno de juego.

Esta portera hace un saque de puerta. El saque de puerta (o de meta) se realiza cuando el equipo contrario toca el balón en último lugar y lo saca fuera del campo por la línea de fondo. Si el último en tocar el balón es un defensa, entonces se hace un saque de esquina.

Un jugador le hace la zancadilla y comete falta contra un rival en el área de penalti. Una falta grave, que impide una posible oportunidad de gol, constituye un penalti a favor del equipo atacante (v. pág. 46).

Línea de meta

Área de meta

Los guardametas son los únicos jugadores que pueden tocar el balón con las manos y los brazos, pero siempre y cuando estén en el área de penalti. Este portero ha tocado el balón con las manos fuera del área de penalti, y el equipo contrario tiene por ello a su favor un tiro libre (v. pág. 44).

El balón sigue en juego aunque parte de él cruce la línea de banda o de meta.

Para estar fuera de juego, el balón tiene que cruzar completamente la línea. Si el balón cruza la línea de banda, el juego se reanuda con un saque de banda (v. pág. 42).

Un jugador lanza el balón por encima de la barrera del equipo contrario hacia la portería. Una portería completa se compone de una red fijada a dos postes paralelos verticales y un larguero horizontal. La portería mide 7,32 m de alto y 2,44 de ancho.

Área de penalti

Área central

Punto de penalti

Centro del campo

Línea media

Cada tiempo del partido comienza con el saque desde el centro del campo. En el primer toque el balón tiene que pasar al campo del equipo contrario, y los jugadores de este deben permanecer fuera del área central hasta que se haya movido el balón. El saque también se utiliza para poner de nuevo en juego el balón después de un gol.

Línea de banda

Córner (área de esquina)

Un jugador saca un córner tratando de enviar el balón al área de penalti del equipo contrario para que los miembros de su equipo intenten meter gol. El balón debe colocarse justo en la esquina.

PROFESIONAL: fútbol practicado por jugadores que reciben un salario por dedicarse a él por completo.

Términos

El calentamiento

Saltas para tratar de golpear de cabeza y un minuto después estás haciendo un sprint para alcanzar el balón... El fútbol somete a tu cuerpo a un gran esfuerzo. Debes preparar tu cuerpo y tu mente para ese esfuerzo haciendo un buen calentamiento y estiramientos musculares.

Las botas son, con diferencia, la parte más importante de tu equipamiento. Ignora los anuncios comerciales de tus jugadores de fútbol favoritos y escoge las botas que mejor se adapten a tu pie, que te resulten más cómodas y que ofrezcan refuerzo a la altura del tobillo. Hay muchas botas de calidad que tienen la parte superior de cuero suave para que puedas «notar» el balón. Limpia tus botas después de cada partido para que puedas usarlas durante mucho tiempo.

Estas botas tienen tacos atornillados en las suelas para proporcionar mayor adherencia en un campo blando o húmedo. Asegúrate de que los tacos están bien colocados antes de empezar a jugar. Otras botas tienen tacos de plástico, adecuados para campos secos y duros y campos de césped artificial.

Ata los lazos de tus botas con doble nudo y asegúrate de que no arrastran por el suelo.

El entrenador enseña a los jugadores a estirar los tendones de la parte posterior de las piernas. Todos los estiramientos deben hacerse con suavidad. Nunca hagas tus estiramientos bruscamente ni con desgana.

Los jugadores saltan sin moverse del sitio y elevan mucho las rodillas de forma que sus muslos queden paralelos al suelo. Debes llevar puesto un chándal para mantener el calor corporal antes de un partido.

Si un jugador tiene el pelo largo, se lo recoge antes de comenzar el calentamiento. Los jugadores también deben quitarse cualquier objeto antes de jugar un partido.

Si dispones de unos minutos para salir al campo antes del partido, comprueba el viento y las condiciones atmosféricas y haz algunos pases de balón con tus compañeros para comprobar el estado del campo.

CONSEJO PROFESIONAL

Durante el calentamiento corres y realizas otras actividades que aumentan tu frecuencia cardíaca y hacen que tu sangre corra más deprisa por el cuerpo. Estirar los músculos previene los tirones musculares y otras lesiones más graves y, además, mejora tu flexibilidad. Pide a tu entrenador que te enseñe unos estiramientos para hacer todos los días.

Las espinilleras protegen los huesos de tus piernas de posibles golpes durante el regateo. También puedes colocarte protección en tobillos y talones. Las medias se suben hasta cubrir las espinilleras y se aseguran con gomas.

«Si fracasas en la preparación, prepárate para fracasar».

Roy Keane, ex centrocampista del Manchester United y de la selección nacional irlandesa

Términos — **FLEXIBILIDAD:** capacidad de mover más o menos tus articulaciones y otras partes del cuerpo.

El primer toque

El balón pasará como un rayo a tu lado, volará o rebotará a diferentes velocidades y alturas durante un partido. La rapidez, la suavidad y la precisión con que consigas controlar el balón cuando lo recibas determinará el éxito de tu siguiente movimiento. Puedes utilizar cualquier parte del cuerpo, menos manos y brazos, para controlar el balón. Puedes aminorar la velocidad del balón, utilizarla para dar un pase corto o correr con el balón.

Casi siempre necesitarás parar el balón en cuanto lo recibas para poder controlarlo con los pies con el fin de correr, pasarlo o lanzarlo. Los jugadores detienen el balón retirando la parte del cuerpo con la que van a recibirlo. Al mover el pie, el muslo o el pecho hacia el mismo lugar al que se dirige el balón pueden ralentizar su velocidad para que no rebote lejos ni pierdan el control sobre él.

Este jugador controla con su pecho un balón alto. Cuando el balón llega, echa el pecho hacia atrás para amortiguar su impacto. Sus pies están bastante separados y sus brazos están hacia fuera para ayudarle a mantener el equilibrio. El balón debería caer suavemente sobre sus pies, listo para que el jugador lo controle en el suelo.

Practica la amortiguación del balón con la parte interior y con el empeine (donde están los cordones) de ambos pies. Un jugador capaz de controlar igual de bien el balón con los dos pies supone una gran amenaza para el contrario.

CONSEJO PROFESIONAL

Controlar el balón no significa sólo amortiguar su impacto. Arriba, un jugador lanza con el pecho el balón a un compañero a corta distancia. Este es un ejemplo de buen control.

Cuando se recibe un balón amortiguándolo con la cabeza (v. pág. 18), se puede hacerlo descender o bien aprovechar su velocidad para pasárselo a un compañero de equipo que esté cerca. El secreto está en retirar la cabeza hacia atrás cuando el balón esté llegando para aminorar gran parte de su velocidad.

Puedes usar el borde interno del pie para controlar un rebote o un balón que rueda sobre el terreno. Esta jugadora ha girado su pie para recibir el balón con la parte interior del mismo. Cuando el balón se acerca, retira el pie hacia atrás

Para amortiguar un balón con el muslo, levanta la pierna de forma que el muslo quede paralelo al suelo. Cuando el balón llegue, baja la rodilla y retira la pierna hacia atrás para amortiguar el balón y que caiga delante de ti.

Sólo con la práctica se aprende a recibir el balón. Ensáyalo y practica siempre que puedas. Que un amigo te pase el balón a distintas alturas y velocidades, o lanza tú mismo el balón contra un muro y recibe el rebote. Céntrate en mantener el equilibrio y en no perder de vista el balón para poder controlarlo lo antes posible.

> «Cuando recibes bien tu primer balón, tienes tiempo de ver lo que va a pasar a continuación».
>
> *Rafael van der Vaart, delantero centro holandés*

Para esquivar a su rival, este jugador ha dejado que el balón pase frente a él en lugar de controlarlo inmediatamente. Se gira bruscamente para dirigirse hacia el balón, valiéndose de su velocidad para dejar atrás al contrario.

Términos **AMORTIGUAR:** ralentizar la velocidad del balón con una parte del cuerpo.

El pase

Los pases mueven el balón de un jugador a otro; un pase rápido y preciso puede hacer avanzar el balón por el terreno de juego mucho más rápido que corriendo con él. Un equipo que consiga buenos pases es probable que esquive a la defensa y cree oportunidades de gol. Los pases varían en fuerza y distancia, desde ligeros roces hasta pases largos que cruzan el campo. Pueden hacerse también con distintas zonas de los pies.

Si flexionas rápidamente el pie a la altura del tobillo puedes usar el borde externo para rozar ligeramente el balón y pasarlo. Se trata de un pase rápido y muy útil para un compañero de equipo que esté cerca.

Puedes golpear el balón con el empeine de la bota (donde están los cordones) para realizar tanto pases cortos como largos.

1

Para hacer un pase lateral, coloca junto al balón el pie con el que no vayas a golpear, y gira el tobillo para que el borde interno del pie con el que vayas a chutar quede frente al balón.

2

Dirige tu pierna hacia el centro del balón. Intenta golpear en el centro para que tu compañero reciba el balón bajo y pueda controlarlo con más facilidad.

3

A medida que el balón se aleja, tu pie debe moverse en la misma dirección que él. Trata de no adelantarte con el cuerpo al balón mientras des el pase.

Con la práctica serás capaz de saber con qué fuerza debes golpear el balón para dar un pase. Si le das muy fuerte, será difícil controlar el balón. Si le das demasiado suave quizá no alcances a tu compañero. Puedes ajustar la fuerza de tu pase retirando a mayor o menor distancia el pie hacia atrás y golpeando con mayor o menor fuerza el balón.

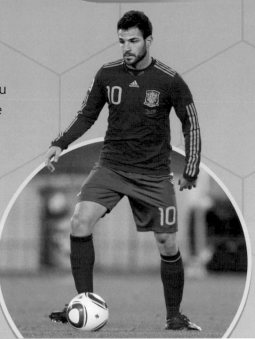

Cuatro jugadores practican el pase corto en un juego de dos contra dos dentro de una zona pequeña limitada por conos. Un par de jugadores trata de hacer el mayor número de pases posible sin que el otro par los intercepte y sin que el balón se salga del área marcada.

★ *Clase magistral* ★

Cesc Fàbregas

Este perspicaz centrocampista es famoso por sus pases con ambos pies; es capaz de dar pases cortos para mantener la posesión del balón o hacer una jugada completa de ataque para crear la oportunidad de gol. Fue la precisión del pase de Cesc Fàbregas a su compañero de equipo Andrés Iniesta lo que permitió el gol ganador de España en la final de la Copa del Mundo contra Holanda.

«Si quieres ganarte la vida como futbolista tendrás que practicar el pase lateral sencillo todos los días».

Gary Neville, ex defensa del Manchester United y de la selección inglesa

Es fundamental colocar el balón cuando lo pasas. Este jugador ha lanzado el balón a una distancia que queda por delante de su compañero para que este corra hacia el balón por detrás del jugador del otro equipo. Aprender cuándo dar un pase y dónde lanzarlo sólo se consigue con la práctica.

Términos · **INTERCEPTAR:** acción defensiva: cuando un jugador hace un pase pero un rival se hace con el control del balón.

Para hacer un pase largo con el empeine, coloca junto al balón el pie con el que no vas a chutar y mantén en él el peso de tu cuerpo mientras echas hacia atrás el pie con el que vas a golpear el balón.

Apunta hacia abajo el pie con el que vas a chutar mientras te echas hacia atrás. Trata de golpear el centro del balón con el empeine de la bota.

Mantén siempre control visual del balón mientras la pierna con la que has chutado sigue suavemente la dirección del balón. El balón debería volar hacia su objetivo.

El pase largo

Aparte de practicar continuamente, el secreto para dar buenos pases es aprender a hacerlo con ambos pies. Todos los futbolistas comienzan con su pie más débil. Hay que practicar mucho más con ese pie para que esté al mismo nivel que el más fuerte. Es más fácil jugar contra un futbolista que juega mejor con un pie que con otro, porque sus rivales saben que sólo puede poner en juego el balón con un lado de su cuerpo.

Para dar un pase largo elevado se utiliza una técnica similar a la del golpe normal con el empeine. Das al balón mayor altura echando el cuerpo hacia atrás mientras golpeas la parte inferior del balón con el empeine.

Para hacer una vaselina, utiliza un golpe corto por debajo del balón.

El balón debería elevarse sin que tu pie siga su trayectoria.

Muchas veces querrás mantener el balón bajo para que ruede a gran velocidad a ras del suelo, pero hay veces que querrás mandar el balón a mayor altura. Una vaselina puede enviar el balón por encima de tu rival. Un pase largo y elevado consiste en golpear con fuerza el balón para alcanzar el área de penalti del equipo contrario o para despejar el balón lejos de tu área de penalti.

El jugador de blanco coloca su cuerpo entre el balón y su rival para protegerlo antes de pasárselo a un compañero de equipo.

★ *Clase magistral* ★

Steven Gerrard

El centrocampista inglés del Liverpool Steven Gerrard tiene su propio sello a la hora de dar los pases. Gerrard tiene una gran habilidad para dar pases largos o cortos a sus compañeros de equipo. También utiliza el golpe con el empeine como una poderosa arma de lanzamiento de balón con la que ha marcado muchos goles fuera del área de penalti

Trata de no rezagarte con el balón o dejar demasiado claras tus intenciones de hacia dónde vas a lanzarlo. Juega con la cabeza alta y trata de dar pases precisos para evitar que los intercepten.

⚽ CONSEJO PROFESIONAL ⚽

Cuanta mayor variedad de pases seas capaz de dar, más opciones tendrás cuando estés en posesión del balón. Elegir el tipo de pase en cada ocasión es aún más importante. Cuando estés jugando fuera de tu línea de defensa, controla bien tus movimientos, y nunca pienses que, en ataque, pasar lateralmente o hacia atrás es un error: mantener la posesión del balón es importante.

Puedes usar el talón de la bota para golpear el balón por el centro. Un pase de tacón puede invertir la dirección del juego y sorprender a tus rivales, pero debes asegurarte de que hay un compañero que va a recibir ese pase.

«Algunos equipos nunca pasan el balón. ¿A qué juegan? ¿Qué sentido tiene?».

Xavi, centrocampista del Barcelona y de la selección española

Golpe de cabeza

Aproximadamente uno de cada cinco goles se marca de cabeza, pero el golpe de cabeza no se usa sólo en ataque. Es una parte esencial de la jugada defensiva; con el balón botando desde grandes alturas, cualquier jugador puede valerse del golpe de cabeza en cualquier lugar del campo. Incluso los guardametas usan el golpe de cabeza para despejar el balón fuera de su área de penalti.

Por lo general, los golpes de cabeza se dirigen hacia delante, hacia los pies de un compañero de equipo o a portería. En estos casos, los jugadores tratan de colocar su cabeza sobre el balón para golpearlo en el centro. Cuando lo que quieres es elevar el balón, por ejemplo para despejarlo por encima de tus rivales, dirige tu cabeza justo por debajo del centro del balón.

Alinea tu cuerpo en la dirección del balón, míralo fijamente y salta hacia delante, moviendo tus brazos hacia delante para ayudarte en el impulso.

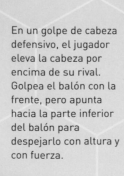

En un golpe de cabeza defensivo, el jugador eleva la cabeza por encima de su rival. Golpea el balón con la frente, pero apunta hacia la parte inferior del balón para despejarlo con altura y con fuerza.

Elevándose por encima del balón, este delantero ha conseguido dirigir su golpe de cabeza hacia abajo y directo a la escuadra de la portería, haciendo que al guardameta le fuera muy difícil reaccionar a tiempo.

Moviendo la cabeza lateralmente al tocar el balón, esta jugadora ha dado un golpe de cabeza oblicuo para desviar ligeramente el balón hacia un compañero de equipo.

Recibe el balón con la cabeza y golpéalo adelantando la cabeza y la parte superior de tu cuerpo. Trata de golpear con la parte central de la frente.

Tensa los músculos del cuello mientras impulsas el balón hacia delante. Dobla las rodillas para amortiguar la caída.

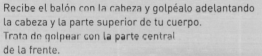

El remate de cabeza a puerta es una de las jugadas más espectaculares del fútbol. Este jugador se ha lanzado para alcanzar el balón por delante de los defensas y lo ha lanzado oblicuamente a puerta.

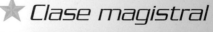

★ Clase magistral ★

Tim Cahill

Tim Cahill da un magnífico salto para alcanzar el balón con perfección. Relativamente bajo para ser un futbolista profesional (1,78 m), este centrocampista australiano es un maestro en golpes de cabeza tanto en defensa como en ataque. Su decidido y poderoso salto le permite llegar al balón antes que sus rivales.

ÁREA DE PENALTI: área rectangular que rodea la portería.

Términos

Buscando hueco

Los espacios vacíos dan a los jugadores el tiempo y la oportunidad de controlar el balón y de desarrollar el ataque de su equipo. Por todo el campo aparecen huecos, y los buenos jugadores aprenden a buscar esos espacios más atractivos para desplazarse hacia ellos. Moverse hacia esos huecos permite cansar al otro equipo o crear un área del campo donde haya más jugadores del equipo atacante que del defensor.

Moverse hacia un hueco no depende sólo de ver una prometedora zona libre, sino de calcular tu movimiento. Intenta ser consciente de dónde está el balón y los jugadores y calcula bien para mantenerte en la posición correcta (v. pág. 48). En cuanto des un pase, aléjate enseguida y busca otro buen lugar para recibir el balón.

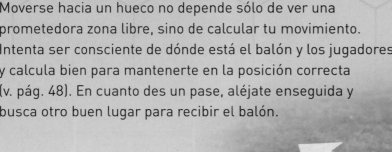

Estos jugadores de blanco están haciendo un pase de pared. El primer atacante (el más cercano a nosotros) da un pase corto a su compañero, antes de correr velozmente hacia el hueco que hay tras el defensa para recibir de nuevo el balón.

La jugadora con el número 8 ha visto a su compañera haciendo una oportuna carrera lateral para buscar un hueco libre. Con un pase preciso, puede enviar el balón a su compañera por detrás del defensa del otro equipo.

Desplazarte hacia el balón por detrás de la defensa es una buena estrategia. Un jugador hace una carrera solapada por detrás del defensa y baja por la banda. Su compañero de equipo lanza el balón por delante de él de forma que este pueda correr para alcanzarlo.

Hacerse hueco suele significar librarte de un rival que te está marcando. Nunca debes correr de un lado a otro sin un objetivo. Por el contrario, haz que tus carreras sean inteligentes, precisas y decisivas. Puedes variar tu velocidad para librarte de otro jugador o fintar, moviendo por ejemplo un hombro hacia un lado, como indicando que vas hacia allí, para luego impulsarte con un pie y salir corriendo en dirección contraria.

La jugadora de blanco está tratando de librarse de una rival que la marca. Finta un movimiento hacia su izquierda dando un paso largo en esa dirección, y la defensa la sigue.

En cuanto planta su pie izquierdo, lo usa para impulsarse y se mueve rápidamente hacia la derecha. La defensa es sorprendida a contrapié y no puede seguirla.

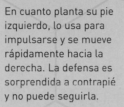

Si te mueves hacia un hueco pero no recibes un pase de balón, no te quedes holgazaneando: busca otros huecos a los que dirigirte en cuanto puedas.

⚽ CONSEJO PROFESIONAL ⚽

★ *Clase magistral* ★

Xavi

Este sagaz centrocampista es un experto buscando huecos, tanto para recibir pases como para darlos. Xavi dio más pases que ningún otro jugador durante el campeonato de la Copa del Mundo 2010 (669 en total) y es una pieza clave en el juego de su equipo, el Barcelona, uno de los equipos de mayor éxito del mundo.

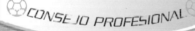

Disputar partidos y simulacros en pequeñas zonas delimitadas que exigen pases y movimientos rápidos ayuda a mejorar tu capacidad para jugar con la cabeza alta, para localizar huecos y moverte hacia ellos rápidamente y con determinación.

Términos **FINTAR:** hacer un movimiento falso del cuerpo para despistar al rival.

Defender y regatear

Con frecuencia el balón te llegará cuando tu rival esté muy cerca. Puedes conservar la posesión del balón interponiendo tu cuerpo entre el balón y tu rival. Esta técnica defensiva se llama protección o escudo. Correr con el balón, manteniendo un estrecho control sobre él entre los pies se llama regatear. En ataque puede llegar a ser una técnica muy útil.

Al regatear corres el peligro de perder el control sobre el balón, así que es mejor hacerlo en ataque sólo cuando no es posible dar un buen pase. Trata de utilizar ambos pies para empujar el balón, manteniéndolo un poco por delante de ti, pero no demasiado. Para que en un partido los regateos sean efectivos, debes hacerlos rápidamente o cambiando repentinamente de velocidad o de dirección.

Para llegar a hacer buenos regateos tienes que saber despistar y fintar. La jugadora de blanco que está regateando finta un movimiento hacia la izquierda que la otra jugadora sigue.

La defensa se mueve en la dirección a la que cree que va a ir la regateadora. Al mismo tiempo, la regateadora dirige el pie izquierdo hacia el balón para moverlo hacia su izquierda.

Controlando el balón, la regateadora se escapa hacia la izquierda con un movimiento rápido. La defensa no está bien colocada y no puede bloquear su avance, por lo que la otra jugadora logra sortearla.

Cuando protejas el balón con tu cuerpo, debes tener presente en todo momento dónde está tu rival. No pierdas de vista tus pies, para poder moverte cuando se mueva tu rival, y mantén el cuerpo y los brazos abiertos para hacer el mayor escudo posible. Mantén el balón bajo control y piensa en tu siguiente movimiento, ya sea un giro brusco o un pase a un compañero de equipo.

Puedes mantener tu posición mientras proteges el balón, pero si chocas contra otro jugador o le agarras, cometes falta.

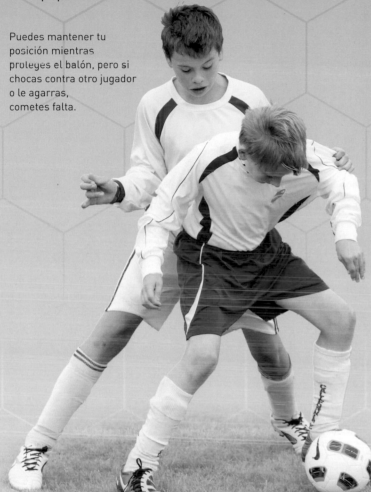

★ *Clase magistral* ★

Lionel Messi
El maestro argentino Lionel Messi protege el balón ante el defensa griego Sokratis Papastathopoulos durante un partido de la Copa del Mundo 2010. Messi es relativamente bajo, pero con su excelente equilibrio, conocimiento, control del balón y movimiento, es capaz de mantener la posesión del balón y regatear con habilidad para superar a sus rivales.

Si no puedes sortear a tu rival, protege el balón y da un pase corto a un compañero que esté a tu lado o detrás de ti.

Para aprender a regatear, cruza un pie hacia el otro lado del balón como si fueras a tocarlo.

En lugar de tocarlo, levanta el pie sobre el balón y ponlo en el suelo, al otro lado.

Usa luego tu otro pie para golpear el balón en la otra dirección, confundiendo al defensa del equipo contrario.

Otra posibilidad es hacer un regateo con el otro pie.

Términos **BLOQUEAR:** obstruir el avance del contrario para que no alcance el balón.

Un jugador practica su destreza en el control del balón regateando en un eslalon de postes con el balón bajo estricto control. Una buena forma de aprender nuevos movimientos es hacerlo primero a velocidad de paseo para luego ir aumentando paulatinamente la velocidad a medida que mejoras.

Entrenamiento

Aunque debes practicar por tu cuenta siempre que puedas, en una sesión de entrenamiento debe estar presente el entrenador. Este podrá enseñarte técnicas precisas mientras practicas con tus compañeros de equipo ejercicios y juegos divertidos y aprendes jugadas completas, regateos como la ruleta, pases cortos o largos, tiros de córner o tiros libres.

El entrenador practica con los jugadores y enseña a los defensas a defender frente a un saque de córner. Los buenos entrenadores organizan sesiones entretenidas, con diferentes ejercicios y juegos que supongan un reto para los jugadores y les ayuden a mejorar sus habilidades.

Si asistes regularmente a sesiones de entrenamiento mejorarás tu forma física y tu resistencia y podrás practicar con otros jugadores pases, movimientos y técnicas defensivas y de ataque en situaciones de juego muy realistas. Si además practicas por tu cuenta entre una y otra sesión de entrenamiento conseguirás mejorar rápidamente tu técnica y tus capacidades.

El entrenamiento puede darte mucha sed, así que asegúrate de dar pequeños sorbos de una botella de agua durante los descansos.

Ten la misma actitud en los entrenamientos que la que tendrías en un partido: calienta y estira y entrégate al cien por cien durante toda la sesión. Concéntrate en cada ejercicio y haz siempre caso a tu entrenador. Si no entiendes algo, pide a tu entrenador que te lo explique.

Este delantero está practicando su tiro a puerta mientras el guardameta practica su salto defensivo.

Los partidos que se disputan en áreas pequeñas te ayudan a mejorar el control del balón y la rapidez a la hora de tomar decisiones mientras estás bajo presión. Aquí los jugadores están disputando un dos contra dos: un par de jugadores trata de hacer el mayor número de pases posible mientras el otro trata de hacerse con el balón mediante entradas y bloqueos.

Esta jugadora está practicando el tiro a puerta en movimiento. Recibe un pase, corre hacia el balón y tira a la esquina inferior de la portería, entre los postes y los conos.

RULETA: tipo de regateo que consiste en pisar el balón y girar sobre uno mismo.

Términos

Voleas y tiros

Una volea es un golpe de balón mientras está en el aire. Si se hace bien, puede ser muy útil, pero es una de las prácticas más complicadas de dominar. Las voleas suaves pueden servir para dar pases cortos a un compañero de equipo o para dirigir el balón a puerta para marcar gol.

Para hacer una volea lateral, aleja el cuerpo del balón mientras sacas los brazos hacia fuera y mueves la pierna hacia arriba con un giro de cadera.

Para hacer una volea frontal retira hacia atrás y luego mueve hacia delante la pierna con la que vas a golpear el balón, manteniendo los brazos abiertos para mantener el equilibrio.

Sin perder de vista el balón apunta tu pie hacia abajo antes de golpear el balón con el empeine de la bota.

Levanta la pierna para dirigirla en la misma trayectoria que toma el balón hacia su objetivo.

Coloca el pie sobre el balón para que tu empeine golpee su mitad superior si quieres lanzar el balón hacia abajo o justo por debajo de su mitad si lo que quieres es despejar para defender.

Las voleas se utilizan cuando hay poco tiempo para detener el balón en el suelo y golpearlo. Esto ocurre tanto en ataque como en defensa. El secreto de una buena volea es no perder de vista el balón y coordinar el movimiento de tu pierna en relación con la velocidad y la dirección del balón.

Para hacer una chilena (pasar el balón sobre tu cabeza), salta hacia atrás sobre una pierna mientras elevas la otra para golpear el balón por arriba con tu empeine en el punto más alto. Trata de relajar tu postura al caer y rueda sobre tus hombros para amortiguar el impacto.

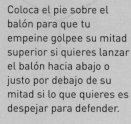

«Asegúrate de que el pie con el que no chutas está firmemente apoyado en el suelo. Si no, puedes perder el equilibrio».

Alfred Galustian, consejero técnico de la Premier League inglesa

Mientras sigues la trayectoria del balón, procura dejar tu otro pie bien apoyado en el suelo para recuperar el equilibrio lo antes posible.

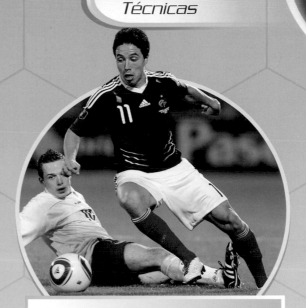

Para hacer un tiro con efecto con el interior de tu pie derecho, coloca tu pie izquierdo lejos del balón. Con el interior de tu pie derecho, golpea la parte derecha posterior del balón. Intenta que tu pierna siga un movimiento recto para que el balón salga curvado a la izquierda.

★ Clase magistral ★

Samir Nasri

Este dinámico centrocampista francés es un experto haciendo tiros con efecto, tanto para hacer pases curvos a un compañero de equipo como para lanzar a puerta. Tras jugar más de 120 ocasiones para el club francés Olympique de Marsella, Nasri jugó tres temporadas para el inglés Arsenal antes de que el Manchester City lo fichara por 30 millones de euros.

Si golpeas el balón por detrás y lateralmente con una parte concreta de la bota, puedes hacer que el balón gire sobre sí mismo, haciendo que salga con efecto por el aire. Este golpe puede servir no sólo para superar lateralmente una barrera defensiva en un tiro libre, sino también para hacer llegar el balón al área de penalti.

Recuerda que si haces un tiro con efecto junto a la línea de banda, puedes superar a un rival, pero si todo el balón cruza la línea de banda mientras está en el aire, le corresponderá sacar al otro equipo.

⚽ *CONSEJO PROFESIONAL*

Para hacer un tiro con efecto hacia la derecha, utiliza la parte exterior de la bota derecha para golpear la parte posterior izquierda del balón. El pie con el que has golpeado debería moverse hacia arriba por delante de tu cuerpo mientras el balón se curva a la derecha.

Un equipo en jugada de ataque tratará de colocar a un jugador en una posición desde la que pueda marcar gol. A veces un arranque de brillantez individual puede dar como resultado un gol. Pero los goles suelen conseguirse con el esfuerzo de todo el equipo, con todos los jugadores buscando huecos para sus compañeros o dando un pase largo a un delantero para que avance por detrás de la defensa del rival.

El jugador que tiene el balón se enfrenta a un área de penalti llena de jugadores. Sus compañeros de equipo tratan de correr hacia las bandas pero sin salirse del área hasta que el balón esté en juego.

El delantero de la izquierda corre hacia una banda, arrastrando consigo al defensa que le marca y dejando así hueco para que el delantero que lleva el balón lo lance por ese espacio libre.

El ataque

Los buenos jugadores y los buenos equipos intentan desarrollar jugadas de ataque desde todas las partes del campo. Al hacer un pase largo del balón desde el centro del campo, por ejemplo, puedes tratar de cruzar el balón hasta el área de penalti. Esto puede minar la defensa del rival, y puede crear huecos para que los jugadores se sitúen en buena posición.

A veces puedes superar a tu rival sin regatear, simplemente golpeando el balón y corriendo luego muy rápido hacia él para controlarlo. Esta táctica funciona mejor en las bandas laterales del campo, que apenas están cubiertas por la defensa.

3

El otro delantero puede entonces correr hacia ese espacio por detrás del defensa que le estaba marcando, recibir el pase y tirar a puerta.

★ *Clase magistral* ★

Mesut Özil

Los pases de Mesut Özil enloquecieron a la defensa del equipo contrario durante el partido que Alemania ganó 4-0 contra Australia en la Copa del Mundo 2010. Özil es un asombroso delantero centro con una gran visión para pases al vacío, pases largos o pases cruzados que superan la defensa contraria. Después del protagonismo obtenido en la Copa del Mundo, Özil pasó del equipo Werder Bremen al Real Madrid.

Esta delantera ha corrido hacia la portería después de que una compañera haya chutado. Esto le permite estar en una posición privilegiada para lanzar a la red, pues el guardameta está en el suelo y va a resultarle muy difícil parar el balón.

El delantero con el balón ha visto mucho espacio tras la defensa contraria. Puede pasar el balón diagonalmente por el campo para que su compañero que está en la banda corra a alcanzarlo.

Marcar goles

Marcar goles supone una gran alegría, pero es también una habilidad. Se precisan reacciones rápidas, tomar decisiones arriesgadas y conocer muy bien cómo se está desarrollando el juego. Aunque los delanteros suelen tener más oportunidades de meter gol, todos los jugadores deberían practicar el tiro a puerta, porque en muchos partidos los defensas y los centrocampistas tienen oportunidades de lanzar a portería.

Dependiendo de la situación se requiere un tipo de tiro diferente, pero en cualquier caso trata de no golpear demasiado fuerte el balón, ni siquiera con tiros largos a puerta, y asegúrate de que tu lanzamiento tiene un objetivo. Practica mucho para perfeccionar tu lanzamiento con ambos pies. Así tendrás más oportunidades de remate.

★ Clase magistral ★

Birgit Prinz

Birgit Prinz celebra un gol que ha anotado para su equipo, el Frankfurt FCC. Esta máquina de hacer goles ha marcado más de 120 veces para su país, más de 200 veces para su club y es la máxima goleadora de todos los tiempos de la Copa del Mundo Femenina, con 14 goles. Ha sido también en tres ocasiones Jugadora Mundial del Año de la FIFA.

Cuando estés solo frente al portero, puedes tratar de despistarle haciendo una finta, o lanzar a puerta antes de que el portero avance hacia ti, como ha hecho esta jugadora, haciendo una vaselina precisa que envíe el balón por encima del portero que se ha lanzado a parar el chute.

CONSEJO PROFESIONAL

No te preocupes si no consigues marcar gol. Los jugadores de élite pierden oportunidades, pero tienen una mentalidad positiva. Trata de olvidar los errores y vuelve inmediatamente al juego.

El primer intento de gol de este jugador ha rebotado en un defensa, pero ha seguido al balón y ha vuelto a hacerse el primero con el control sobre él. Como está muy cerca de la portería, opta por colocarse en posición dominante lanzando un tiro lateral a puerta.

Si estás en una buena situación de lanzamiento y tienes una clara visión de gol, no lo dudes: ¡chuta! El fútbol es un deporte de movimientos rápidos y, en un segundo, los defensas te rodearán. Elige el tipo de lanzamiento que quieres hacer, apunta lejos del portero y trata de mantener tu cuerpo sobre el balón para que el lanzamiento vaya bajo.

Hay muchos ejercicios que pueden ayudarte a trabajar tu lanzamiento. Arriba, una jugadora controla el balón de espaldas a la portería.

Las reacciones rápidas y el análisis de la situación cuando estás cerca de la portería pueden marcar la diferencia. El jugador de la izquierda puede lanzar el balón a la izquierda del portero o pasárselo a su compañero, que está en una mejor posición para lanzar a puerta.

Una vez que tiene controlado el balón, debe darse rápidamente la vuelta y lanzar a la portería esquivando al portero.

Términos JUGADOR DE CAMPO: cualquier miembro del equipo excepto el portero.

La defensa

La defensa es tarea de todo el equipo, no sólo del portero y los defensas. Un equipo bien organizado, con todos los jugadores trabajando para todos, evita que el equipo contrario tenga tiempo y espacio para crear oportunidades de gol. Mientras defiendes, tienes dos objetivos: evitar que se creen oportunidades de marcar goles y recuperar la posesión del balón.

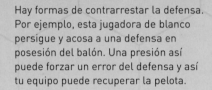

Hay formas de contrarrestar la defensa. Por ejemplo, esta jugadora de blanco persigue y acosa a una defensa en posesión del balón. Una presión así puede forzar un error del defensa y así tu equipo puede recuperar la pelota.

En algunos equipos el entrenador indica a cada jugador qué área del campo debe cubrir. La mayoría de los equipos júnior prefieren marcar jugadores, técnica por la cual cada jugador es responsable de mantenerse cerca de un jugador concreto del otro equipo. Se mantienen cerca para que no tengan ni tiempo ni espacio para recibir el balón.

Cuando un rival chuta, el defensa interpone su cuerpo y sus piernas en su camino para detener el balón. Cuando interceptes un balón, trata de mantener los brazos pegados al cuerpo para evitar tocarlo con la mano.

Este jugador de amarillo está marcando a su rival y se mueve cuando el otro se mueve, sin perder de vista sus pies. Se mantiene en la línea de gol de su rival todo el tiempo.

El marcaje es la habilidad para cercar a tu rival y retrasar su avance en ataque. Colócate en una buena posición, a uno o dos metros de tu rival, con las rodillas dobladas y sin perder de vista el balón, y trata de mantener la distancia haciendo un movimiento de zigzag. Si puedes, intenta alejar a tu rival de la portería

Este defensa está marcando a su rival, retrasando su tiro a puerta para que otro compañero de su equipo se acerque y le cubra en defensa. Cuando su compañero haya llegado, el defensa puede optar por tratar de robar el balón.

Despejando el balón puedes liberar a tu equipo de cierta presión. Si tienes tiempo para controlar el balón, trata de hacer con precisión un pase a un compañero de equipo que esté lejos. Si no tienes tiempo, lanza el balón hacia arriba.

Esta defensa de amarillo está siendo presionada por dos atacantes. No tiene más remedio que tirar el balón fuera por la línea de banda, para poder volver a colocarse en posición.

«Manteneos en pie, no os deis por vencidos. La defensa se basa en el tiempo».

Rio Ferdinand, defensa del Manchester United y de la selección inglesa

EN LÍNEA DE GOL: colocar tu cuerpo entre la portería y el balón o el contrario.

Términos

Robar el balón

El objetivo de robar el balón es recuperar la posesión para tu equipo. Puede que no siempre sea posible, pero cualquier intento debe al menos tratar de ralentizar el ataque del rival. Lo ideal es que consigas escaparte con el balón bajo tu control, preparado para convertir la defensa en ataque.

Este defensa se ha valido de su velocidad para adelantarse a su rival en posesión del balón. Golpear el hombro de otro jugador es falta, pero cierto contacto entre los hombros de los jugadores está permitido.

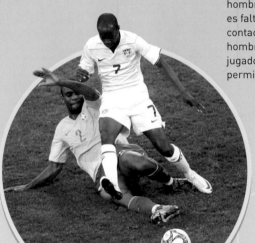

★ Clase magistral ★

Maicon
El defensa brasileño Maicon hace una entrada perfecta para robar el balón al centrocampista estadounidense DaMarcus Beasley. Cuando trata de hacerse con el balón, Maicon actúa con fuerza y determinación y convierte la defensa en ataque siempre que puede. Sublime defensa para su club, el Inter de Milán, fue elegido Defensa del Año en 2010 por la UEFA.

Trata de hacerte con el balón cuando tus compañeros de equipo te están cubriendo. A veces un defensa puede hacer una entrada e interceptar el balón sin regatear. Si tienes que robarlo, intenta mantenerte en tu posición y asegurarte de que tocas el balón, no a tu rival.

La defensa de amarillo trata de hacer un bloqueo frontal. Construye una barrera estable, adopta una postura firme y dobla ligeramente la rodilla de la pierna que tiene apoyada en el suelo. Su mirada está fija en el balón, no en su rival, mientras hace su juego.

La defensa utiliza la parte interna de la bota para golpear con fuerza el balón por el medio, mientras inclina el cuerpo hacia delante durante el impacto. Con todo el peso de su cuerpo entregado en el regate, el balón rueda libremente, y la jugadora reacciona rápidamente para recuperar el control sobre él.

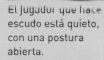

El jugador que hace escudo está quieto, con una postura abierta.

El defensa golpea el balón hacia fuera con la punta de su bota.

Para bloquear regateando, necesitas aplicar todo el peso de tu cuerpo al golpe que le des al balón con la cara interna del pie. En ocasiones el balón puede quedar inmovilizado entre tu rival y tú; en ese caso, el primero que consiga levantar o hacer rodar el balón sobre el pie del otro se hace con la posesión del balón.

Cuando un rival te roba la pelota, busca la manera de recuperar la posesión: presiona al contrario para que cometa algún error o para que pierda el control sobre el balón. Pero ten cuidado de no cometer una falta. Este defensa ha conseguido introducir el pie entre las piernas del otro jugador y hacerse así con el balón.

El bloqueo con regate tiene una técnica similar al bloqueo frontal. Calcula la distancia, enfréntate a tu rival y dobla la rodilla de la pierna que tienes apoyada antes de golpear con firmeza el balón con la cara interna de la bota.

Términos **UEFA:** organismo que dirige al fútbol europeo.

Defensa de la portería

Una buena defensa de la portería requiere concentración, buen posicionamiento y mucha agilidad. Como guardameta eres el líder de la defensa de tu equipo. Eres el responsable de organizar las jugadas a balón parado, como los córners y los tiros libres, y de defender la portería de los rivales. También tienes que dar consejos e instrucciones a tus compañeros de equipo, con voz alta y clara.

Este portero ha adoptado una buena posición defensiva, con las manos abiertas y elevadas, la cabeza nivelada y la mirada puesta en el balón y en el desarrollo del juego.

La defensa de la portería comienza con una postura correcta, con el peso de tu cuerpo repartido por igual sobre ambos pies y tus rodillas ligeramente dobladas. Desde esta posición puedes moverte fácilmente y con rapidez en cualquier dirección: puedes bloquear el lanzamiento, saltar rápidamente ante un desvío, parar limpiamente el balón o correr hacia delante para despejar el balón.

Estate alerta ante un posible pase hacia atrás de un compañero de equipo. Si te lo lanza de cabeza, puedes pararlo con la mano, pero si lo chuta, no. Si no estás seguro de lo que pueda pasar, saca el balón del juego.

CONSEJO PROFESIONAL

Para coger un balón que viene rodando o justo por encima del terreno de juego, alinéate con la trayectoria del balón, apóyate sobre una rodilla, recibe el balón y apriétalo contra tu pecho. Tu pierna y tu cuerpo actúan de barrera por detrás de tus manos.

Para coger un balón alto, salta sobre una pierna y estira los brazos. Trata de cogerlo por delante de ti, extendiendo las manos por la parte trasera y los laterales del balón.

Los tiros por encima del brazo se utilizan para enviar el balón rápidamente a media o larga distancia. Con una postura abierta y lateral para mantener el equilibrio, echa hacia delante, por encima de tu cabeza, el brazo con el que vas a lanzar y suelta el balón. Tu otro brazo debe estar estirado, apuntando al objetivo.

★ *Clase magistral* ★

Gianluigi Buffon

El guardameta italiano fija su mirada en el balón mientras se estira para desviar un tiro fuera del poste. Buffon se convirtió en el guardameta más caro de la historia cuando fue transferido del Parma al Juventus por 38,7 millones de euros en 2001. Su calma en momentos de presión y su excelente posicionamiento le permiten frenar muchos tiros.

Si ves que no puedes parar el balón limpiamente, golpéalo con los puños para despejarlo. Trata de golpear por la parte trasera del balón para que salga hacia delante y hacia arriba, fuera de tu área de penalti.

Para sacar el balón rodando a una distancia corta, agáchate y coloca tu pie derecho adelantado apuntando a tu objetivo. Lanza el balón hacia fuera con un firme movimiento del antebrazo.

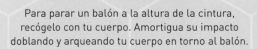

Para parar un balón a la altura de la cintura, recógelo con tu cuerpo. Amortigua su impacto doblando y arqueando tu cuerpo en torno al balón.

Para despejar el balón de una patada, mantenlo frente a ti, elévalo y chuta con el empeine de la bota justo antes de que toque de nuevo el suelo.

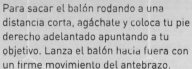

DESVÍO: cambio súbito de dirección del balón después de haber sido golpeado por un jugador.

Términos

Cómo parar el balón

Aunque esté bien colocado, el portero no siempre consigue parar el balón. Ante el ataque de un delantero, el portero requiere coraje, mucha agilidad y una buena técnica para hacer una parada crucial. En estas situaciones el portero debe actuar con rapidez y determinación.
Si no consigue llegar al balón el primero y choca o tropieza con su rival, le hará penalti y puede que le enseñen la tarjeta roja.

Lanzarse a los pies de un rival requiere mucha seguridad, así que practica esta técnica despacio en las sesiones de entrenamiento para aumentar tu confianza. Durante un partido, cuando decidas lanzarte al suelo, ve a por el balón. Mantén tu mirada en el balón, no en tu rival, y trata de extender tu cuerpo para crear así una larga barrera en el terreno. Pon las manos sobre el balón y protégelo aún más enroscando tu cuerpo sobre él.

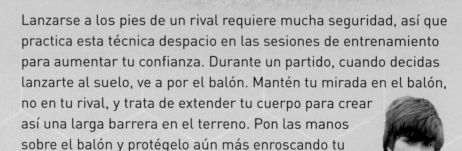

Si detectas un tiro lateral a portería, quizá tengas que lanzarte para pararlo. Intenta dar pasos cortos y muy rápidos en esa dirección y ve doblando poco a poco la rodilla hacia ese lado.

Pasa el peso de tu cuerpo a la rodilla doblada e impúlsate fuerte sobre ese pie para saltar hacia arriba y diagonalmente a la portería. Mantén la mirada en el balón y en su trayectoria.

Con el portero en su línea, un jugador tiene el resto de la portería para tratar de meter gol. Si el jugador tira a una esquina, el portero tendrá dificultades para parar el balón.

Reducir el ángulo es una técnica de posicionamiento clave para reducir el espacio de portería al que puede tirar un jugador. Tienes que situarte fuera de la portería, pero a lo largo de una línea imaginaria entre el balón y el centro de la portería.

Todos los porteros tienen su lado fuerte y su lado débil y unas paradas que prefieren a otras. Trabaja mucho tu lado más débil y las paradas que peor se te den para perfeccionarte.

CONSEJO PROFESIONAL

Este guardameta se ha situado fuera del área de meta para reducir el ángulo y ha estirado los brazos y las piernas para parecer más grande. Los atacantes verán menos espacio de portería y, por tanto, lanzarán un tiro amplio.

Cuando te lances estira los dos brazos por delante de tu cuerpo para que el balón caiga justo en tus manos. Tus manos deben estar abiertas, pero lo bastante juntas para poder agarrar el balón por detrás y lateralmente.

Cuando hayas cogido el balón, apriétalo contra tu cuerpo y prepárate para caer al suelo. Trata de caer sobre el costado, usándolo como amortiguación cuando toques el suelo para evitar que el balón se te escape de las manos.

TARJETA ROJA: tarjeta que enseña el árbitro para expulsar a un jugador del terreno de juego.

Términos

Las reglas del juego

El árbitro y dos auxiliares o linieres (que se comunican con el árbitro por medio de señales con un banderín) hacen respetar las reglas del juego en el campo. El árbitro decide cuándo se ha cometido falta y juzga qué equipo ha tocado en último lugar el balón para conceder saques de córner, saques de banda y tiros libres. Nunca discutas con el árbitro: él tiene la última palabra.

El árbitro puede amonestar a un jugador enseñándole una tarjeta amarilla por una variedad de infracciones, como cometer una falta, discutir o impedir que el juego se reanude. Muchas infracciones graves acaban en tarjeta roja. En este caso, el jugador abandona el campo y su equipo debe continuar el partido con un jugador menos.

Al jugador de blanco le han hecho una falta, pero se las ha arreglado para mantener la posesión del balón y está en una buena posición de ataque. En lugar de detener el juego y concederle un tiro libre, el árbitro deja que continúe jugando y saca los brazos por delante indicando que le otorga Ley de la ventaja.

Con su equipo en cabeza, este portero ha retenido el balón más de 10 segundos. Ha retrasado la reanudación del partido y el árbitro le amonesta enseñándole una tarjeta amarilla. Si un jugador tiene dos tarjetas amarillas en un partido, recibe automáticamente una tarjeta roja y es expulsado del campo.

Fingir una falta también está penado. En este caso el árbitro señala ventaja, porque el jugador se ha tirado al suelo a propósito. Puede también conceder un tiro libre al equipo contrario.

Saque de banda   Cambio   Fuera

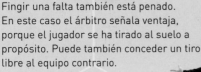

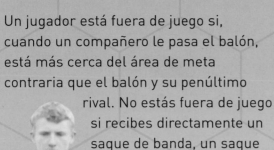

Un jugador está fuera de juego si, cuando un compañero le pasa el balón, está más cerca del área de meta contraria que el balón y su penúltimo rival. No estás fuera de juego si recibes directamente un saque de banda, un saque de esquina o un saque de puerta. Si estás fuera de juego, el árbitro dará un tiro libre indirecto al otro equipo.

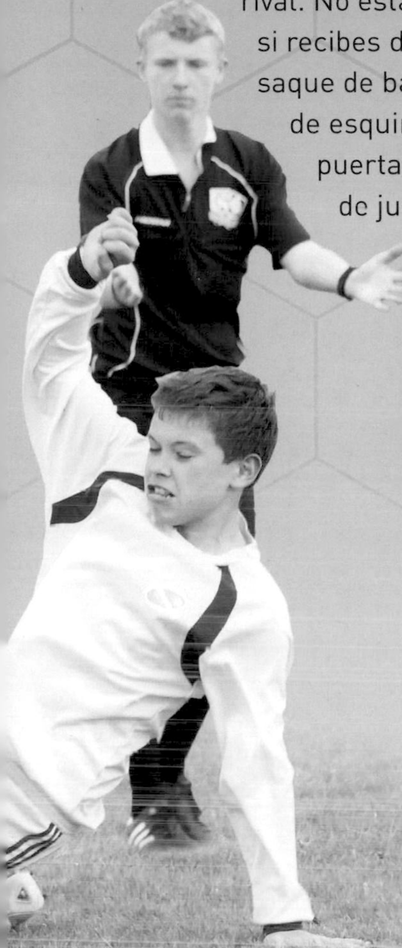

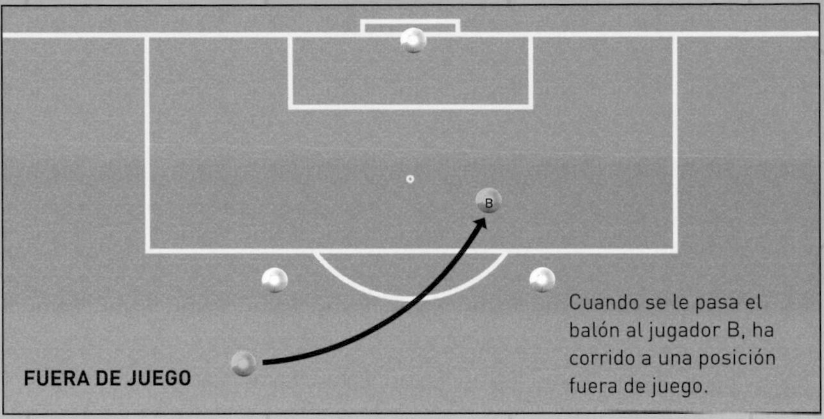
B
FUERA DE JUEGO
Cuando se le pasa el balón al jugador B, ha corrido a una posición fuera de juego.

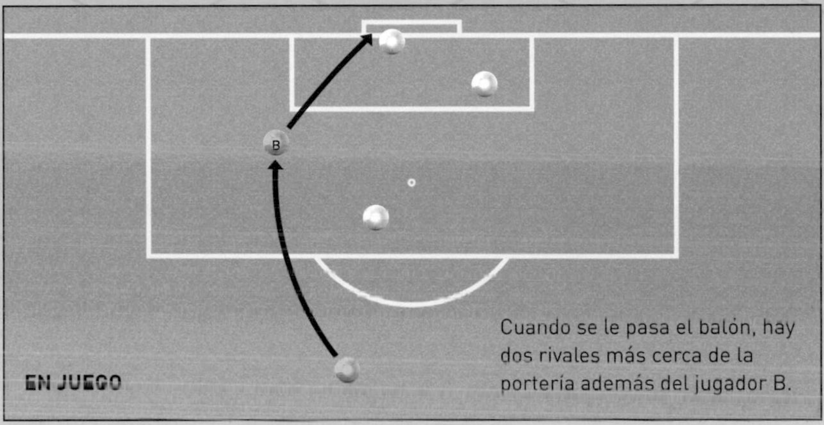
B
EN JUEGO
Cuando se le pasa el balón, hay dos rivales más cerca de la portería además del jugador B.

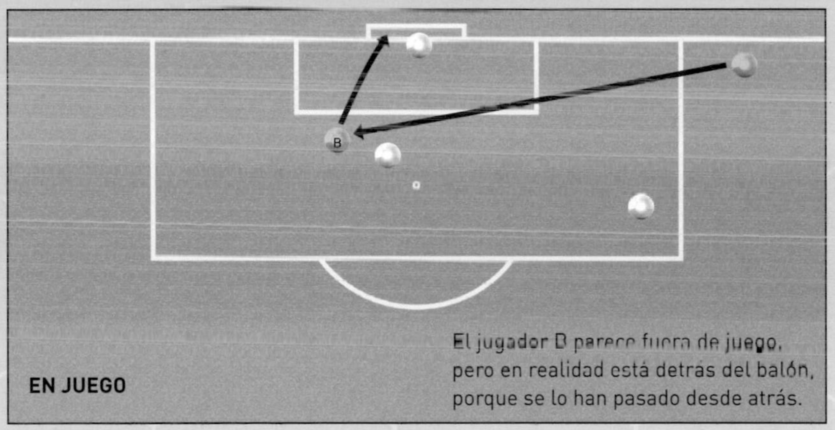
B
EN JUEGO
El jugador B parece fuera de juego, pero en realidad está detrás del balón, porque se lo han pasado desde atrás.

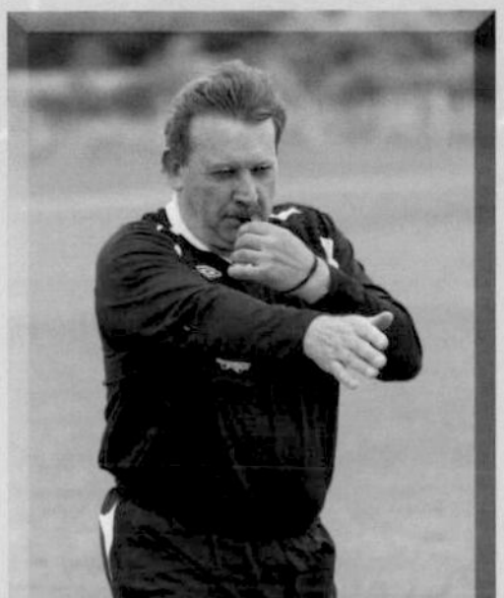
Penalti

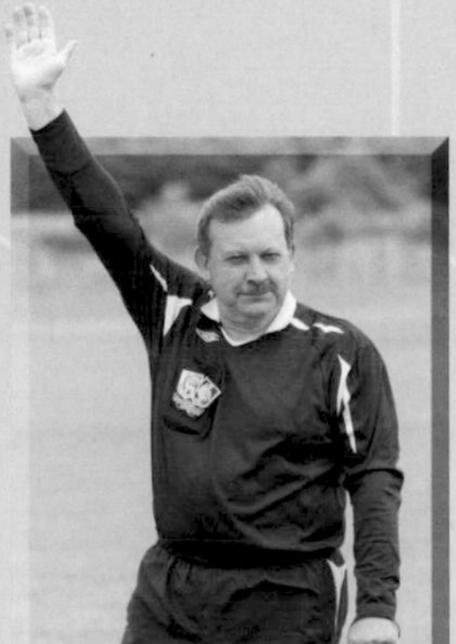
Tiro libre indirecto

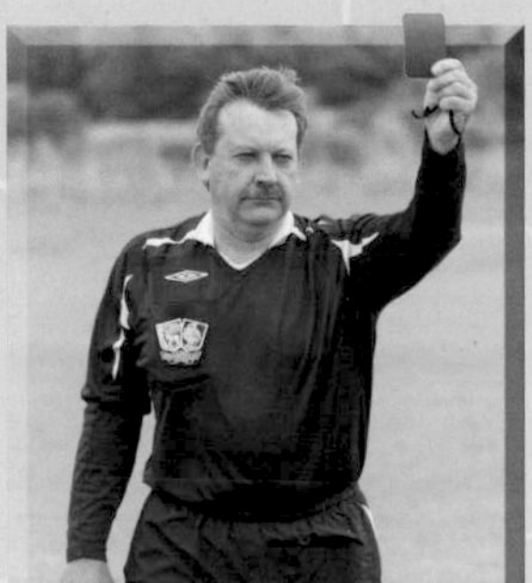
Tarjeta roja

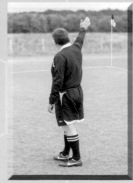

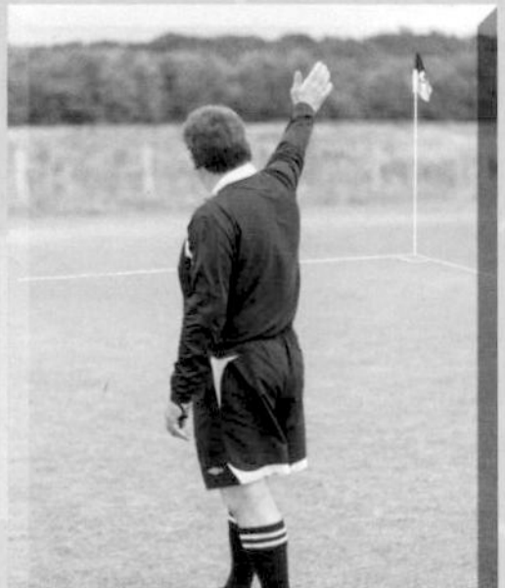
Córner

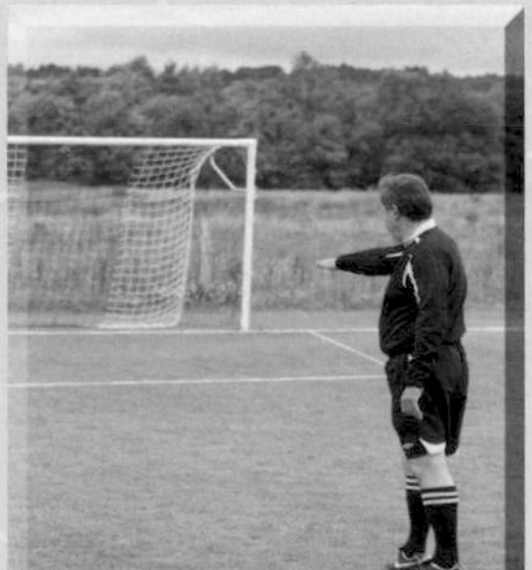
Saque de puerta

Términos **VENTAJA:** norma por la cual el árbitro permite que el juego continúe aunque se haya cometido falta.

Se saca de banda cuando el balón se ha ido fuera por la banda. El jugador que saca debe mantener las dos manos sobre el balón durante el lanzamiento, y sus dos pies deben estar por detrás de la línea de banda. Para hacer un lanzamiento largo, puedes dar algunos pasos para conseguir impulso antes de lanzar el balón. Arquea la espalda y mueve rápidamente los brazos y el cuerpo hacia delante, para liberar luego el balón.

Para sacar de banda, echa los brazos hacia atrás, con las manos sujetando el balón por detrás y lateralmente, y mantén los dos pies en el suelo.

Mueve rápidamente el cuerpo y los brazos hacia delante. Suelta el balón y dirige su trayectoria con un movimiento de muñecas.

Este jugador ha cometido falta de saque porque se ha adelantado a la línea de banda. También es falta levantar un pie del suelo o no pasar el balón por encima de la cabeza.

Reanudación del partido

Un partido se detiene por múltiples razones, como cuando el balón sale por la línea de banda o la línea de fondo, o cuando el árbitro lo detiene porque ha habido una falta o alguien se ha lesionado. Estos momentos son buenas oportunidades para que tu equipo desarrolle tácticas de ataque. Por eso, los movimientos que impliquen saques de esquina o de banda suelen formar parte del entrenamiento de un equipo.

Para que un saque de banda se realice con éxito, se necesita la cooperación de todo el equipo para asegurar posiciones. En este saque de banda se aprecia un movimiento trampa, porque un compañero de equipo corre hacia la banda atrayendo tras él a un defensa. Esto crea un hueco por detrás para que el otro jugador reciba el balón del saque.

La mayoría de los saques de esquina apuntan al centro del área de meta para que los delanteros traten de meter gol. El jugador que recibe el saque debe superar al primer defensa, que suele estar junto al poste más cercano. Los buenos saques de esquina llevan gran velocidad, ya que la más mínima desviación puede enviar el balón dentro de la portería.

Curvando la trayectoria del balón (v. pág. 27) puedes enviarlo lejos de la meta (córner con movimiento hacia fuera) o dentro del área de meta (córner con movimiento hacia dentro). Los dos pueden ser una amenaza. Un córner que se curve lejos del guardameta se dirige a un atacante que corre hacia el área de penalti.

Se saca de córner cuando el balón ha salido del campo por cualquiera de las líneas de fondo y lo ha tocado por última vez la defensa de un equipo. El balón debe colocarse en la esquina marcada y los jugadores deben estar al menos a 9,1 metros de distancia. El jugador que efectúa el saque tiene muchas opciones, como pasar el balón rodando a un compañero de equipo que corre hacia el área de penalti o lanzar directamente hacia el área de meta.

El éxito de un saque de esquina depende tanto de un buen lanzamiento como de la entrada a tiempo en el área de meta de los jugadores atacantes. Aquí, dos atacantes por la izquierda calculan su entrada en el área para recibir el córner justo a tiempo. Otra opción es hacer un saque corto al límite del área de penalti para pillar fuera al otro equipo.

Para reanudar el juego a veces se usa el bote neutral. El árbitro está de pie entre dos jugadores, uno de cada equipo, y deja caer el balón. Los jugadores pueden tratar de hacerse con él en cuanto toca el suelo.

Términos **PRIMER DEFENSA:** el defensa más cercano al lanzamiento del córner, que suele colocarse en el poste más cercano.

Faltas y tiros libres

Durante un partido de fútbol suele haber cierto contacto físico. Sin embargo, cuando un equipo consigue ventaja sobre otro infringiendo una regla, como estando fuera de juego, el árbitro detiene el partido tocando el silbato y otorga un tiro libre al otro equipo.

Los árbitros conceden dos tipos de tiros libres: indirecto y directo. Si un portero da un pase hacia atrás o un jugador comete una falta leve, se concede un tiro libre indirecto. En este tipo de tiro, un jugador debe tocar primero el balón antes de que otro jugador pueda lanzar a gol. Un tiro libre directo puede lanzarse directamente a puerta, y se otorga por faltas como empujones, zancadillas o patadas al contrario.

Este jugador propina una patada a su rival para echarle fuera de su camino y lo tira al suelo. El árbitro detendrá el partido para conceder un tiro libre al equipo al que le han hecho la falta en el lugar donde se ha cometido la misma.

Durante el regateo, cierto contacto físico con el otro jugador es inevitable, pero si el atacante toca a su rival antes de tocar el balón, el árbitro pitará falta.

Un jugador que toca deliberadamente el balón con la mano o saca el brazo para bloquear su trayectoria ha cometido falta con la mano.

Tirar de la camiseta de un rival para evitar su movimiento o poner las manos sobre sus hombros para tirar de él o empujarle también es falta.

Tras habérsele concedido un tiro libre, este avispado jugador está buscando una oportunidad para lanzar un tiro libre rápido. Puede pasar a un compañero de equipo y comenzar una jugada de ataque antes de que el otro equipo haya tenido tiempo de reagruparse.

El árbitro y los linieres tratan siempre de tomar la decisión correcta, pero no siempre están situados en la mejor posición para juzgar una acción que ha ocurrido tan rápido. Acepta siempre sus decisiones. Y repliégate enseguida a una posición defensiva por si tus rivales lanzan un tiro libre.

★ *Clase magistral* ★

Cristiano Ronaldo

Con su asombrosa velocidad y sus maniobras, Cristiano Ronaldo atrae a sus rivales para que le hagan falta y conseguir así tiros libres. También es un experto tirando faltas. Sus miles de horas de práctica han dado a Cristiano Ronaldo una impresionante técnica de tiros libres a puerta, en los que se incluyen los asombrosos lanzamientos que se curvan o caen en picado hacia la meta.

En cuanto el otro equipo tiene un tiro libre, retrocede al menos a 9,1 metros del balón. Si no lo haces, el árbitro puede mostrarte la tarjeta amarilla.

Por lo general, ante un tiro libre a puerta se coloca una barrera defensiva de jugadores para proteger parte de la portería. El lanzador puede tratar de dirigir el balón por encima de la barrera o por un lateral a puerta. También tiene la opción de pasar el balón lateralmente a un compañero de equipo que esté mejor situado para lanzar a puerta.

Términos **BARRERA**: línea de defensas que protegen la portería frente a un tiro libre.

Penaltis

Una falta o infracción del equipo defensor en el área de meta hará que el árbitro conceda un penalti al equipo atacante. Es una oportunidad inmejorable para meter gol, con el balón situado a tan sólo 11,1 metros de la portería y únicamente con el portero delante. Aun así, se fallan muchos penaltis por una mala técnica o una asombrosa parada del guardameta.

El portero apoya las puntas de los pies en el suelo, preparado para saltar en cuanto lancen el penalti. El portero puede moverse hacia los lados antes del disparo, pero no hacia delante.

Un defensa ha cometido una falta grave y ha tirado a un atacante que estaba a punto de chutar en el área de meta. El árbitro concede un penalti al equipo atacante y puede enseñar al defensa una tarjeta roja.

Para tirar un penalti se necesita mucha calma y el empleo de una buena técnica. Antes de correr hacia el balón y chutar, decide qué tipo de penalti vas a lanzar. Asegúrate de que colocas el cuerpo sobre el balón y lo golpeas por el medio: así podrás mantener el balón bajo y directo a tu objetivo.

Coloca cuidadosamente el balón en el punto de penalti, retira el césped alrededor del balón y retrocede para tomar carrerilla. Trata de ignorar cualquier distracción y concéntrate en el lugar donde pretendes lanzar el balón.

La jugadora que ha tirado el penalti ha usado el borde interno del pie para chutar, apuntando a una esquina de la portería, un lugar al que el portero difícilmente llega. Otros jugadores prefieren usar el empeine para hacer un lanzamiento más potente.

En algunas competiciones, cuando el partido ha terminado en empate, se decide el resultado por penaltis. Esto provoca emoción y nervios, pues los dos equipos deben lanzar penaltis alternativamente. Si el marcador sigue empatado después de la primera tanda de cinco penaltis por parte de cada equipo, la ejecución de los tiros deberá continuar hasta que un equipo haya marcado un gol más que el otro tras lanzar el mismo número de tiros.

Si paran tu penalti, no te des la vuelta enfadado: puede que el portero despeje el balón en lugar de pararlo y tengas otra oportunidad de lanzamiento.

CONSEJO PROFESIONAL

Este portero ha elegido bien adónde lanzarse y ha parado el penalti. En un penalti normal, el jugador puede continuar la jugada, así que el portero debe agarrar el balón. En un desempate a penaltis, el jugador que lanza el penalti no puede seguir la jugada.

Los jugadores de ambos equipos deben permanecer fuera del área de meta hasta que se haya chutado el balón. Luego pueden correr hacia el área para tratar de conseguir un rebote, para despejar si son defensas o para marcar si son del equipo atacante.

CARRERILLA: pasos que el jugador da hacia el balón antes de chutar.

Términos

Tácticas de equipo

Las tácticas son las jugadas de un equipo durante un partido: cómo defienden y atacan los jugadores, dónde están situados y el papel concreto que desempeñan. El entrenador se encarga de las tácticas, y tratará de aprovecharse de las debilidades del equipo contrario, utilizando al máximo los puntos fuertes de su propio equipo.

Al principio los equipos se alinean en líneas de defensas, centrocampistas y delanteros. A esto se le llama formación. Esta formación 4-4-2 tiene dos delanteros que juegan frente a cuatro centrocampistas.

Formación 4-4-2

Aunque tengan la misma formación, dos equipos pueden jugar de formas muy diferentes, adoptando distintos estilos de juego. Algunos equipos utilizan pases largos a la otra mitad del campo para que sus delanteros realicen jugadas de ataque rápidas, mientras que otros prefieren un juego más lento, con pases cortos para conservar la posesión del balón y buscar huecos.

Los defensas de este equipo se han desplazado con rapidez y determinación en línea recta a lo largo del campo para forzar que el otro equipo esté fuera de lugar. Este truco lo usan muchos equipos como táctica defensiva.

Se puede colocar a un solo delantero en el frente para que use su fuerza y su habilidad para proteger el balón y dar pases a otros jugadores que estén a corta distancia por detrás de él.

Formación 3-5-2

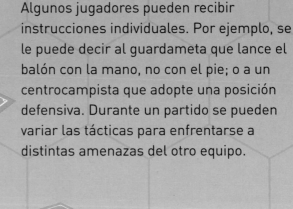

Algunos jugadores pueden recibir instrucciones individuales. Por ejemplo, se le puede decir al guardameta que lance el balón con la mano, no con el pie; o a un centrocampista que adopte una posición defensiva. Durante un partido se pueden variar las tácticas para enfrentarse a distintas amenazas del otro equipo.

Esta es una formación clásica que puede adoptarse como defensa y como ataque. La amplitud de la defensa en este 3-5-2 puede permitir el avance cuando el equipo tiene el balón para tener una gran amplitud de ataque.

Formación 4-4-1-1

La formación 4-4-1-1 es muy popular entre muchos equipos. Se compone de cuatro centrocampistas y cuatro defensas que buscan al delantero centro con otro delantero que juega en el hueco por detrás de él.

Este delantero es sustituido por un centrocampista por el entrenador. Los cambios son una parte esencial en la táctica del partido, pues permiten al entrenador retirar a jugadores cansados o que no están jugando a la altura de sus posibilidades o reorganizar al equipo para que ataque más o sea más defensivo.

A veces un equipo puede elegir a uno de sus centrocampistas para marcar a un rival peligroso, como un jugador medio creativo que elabora jugadas para los delanteros de su equipo. El objetivo es robarle tiempo y espacio para que no pueda construir jugadas.

Infórmate sobre tácticas de fútbol y ve en televisión los análisis de los partidos. Si no estás seguro de una táctica que ha adoptado tu equipo, pide a tu entrenador que te la explique.

⚽ *CONSEJO PROFESIONAL*

Términos — **CAMBIO:** sustitución de un jugador por otro que está en el banquillo.

Unos jóvenes jugadores entrenan en la Academia del Ajax. La cantera del club holandés es famosa por dar jugadores de mucho talento, como Edwin van der Sar, Johan Cruyff, Rafael van der Vaart y Wesley Sneijder.

Fútbol profesional

Todos los futbolistas jóvenes y con talento sueñan con ganarse la vida jugando para un club de fútbol profesional. Tras formarse en el colegio y en equipos locales y regionales, puede que se les ofrezca ir a entrenar y a desarrollar sus habilidades en un club profesional. Hay muchísima competencia, y sólo una diminuta proporción de jóvenes jugadores llegará a la categoría profesional.

El fútbol profesional está presente en todos los continentes, pero las ligas más poderosas, donde están los clubes más ricos, están en Europa. Estos clubes atraen a los jugadores de mayor talento de África, Asia y América, dando así un verdadero sabor internacional a numerosos clubes europeos.

La afición del equipo brasileño Flamengo ofrece un bonito espectáculo durante un partido contra el Boa Vista. Multitudes de aficionados viajan por todo el mundo para presenciar los partidos de su club, gastando mucho dinero y tiempo para seguir a su equipo.

Un partido de la Premier League inglesa es un auténtico encuentro internacional. Aquí Leon Osman, el centrocampista inglés del Everton, está rodeado por tres jugadores del Manchester City: Yaya Touré, de Costa de Marfil, el belga Vincent Kompany y el francés Samir Nasri.

El fútbol profesional es un negocio gigantesco. Por ejemplo, en 2011 el Real Madrid ganó más de 430 millones de euros, mientras que el Barcelona paga a Lionel Messi más de 30 millones de euros por temporada. Los futbolistas de élite son ricos y famosos, pero la fama y la fortuna van desapareciendo fuera de las mayores ligas, pues muchos clubes tienen que luchar para mantenerse en el negocio.

En muchos países hay ligas femeninas de fútbol, como en Alemania, Estados Unidos (la Liga femenina de fútbol profesional) y, desde 1988, España (la Primera División femenina). En la foto, Shannon Boxx (izquierda), de Los Angeles Sol, y Yael Averbuch, del New Jersey Sky Blue, persiguen el balón durante un partido de la Liga femenina de fútbol estadounidense.

Cristiano Ronaldo y Kaká atacan para el Real Madrid, el club que batió el récord mundial pagando 60 millones de euros por el traspaso de Kaká en 2007 y 94 millones de euros por Ronaldo en 2009.

Una selección de camisetas, bufandas y otros productos de *merchandising* están puestas a la venta en la caseta del Chelsea FC. La venta de *merchandising* y de entradas, así como los patrocinadores y la venta de los derechos de retransmisión son claves para que los clubes ingresen dinero.

«Mi interés es por el éxito del equipo, no por mi gloria personal».

Lionel Messi, jugador del Barcelona

Competiciones

Los clubes de fútbol compiten en ligas (donde los equipos juegan entre sí dos veces en cada temporada) y en competiciones o torneos por eliminatorias tanto con equipos de su propio país como con equipos extranjeros. Entre estas destacan la Copa Libertadores de Sudamérica y la Liga de Campeones de la UEFA en Europa.

El Hadji Diouf, jugador del Glasgow Rangers, evita la entrada de Beran Kayal (derecha), del Celtic, durante su enfrentamiento en la Copa de Escocia. El Celtic y el Rangers son los clubes de mayor éxito en la competición, con 34 y 33 copas respectivamente.

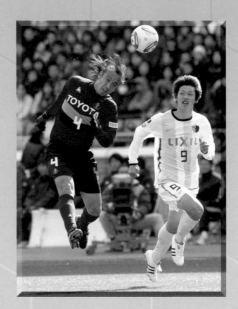

La Liga japonesa (Liga J) comenzó como competición profesional en 1993 y ahora cuenta con 18 equipos. El club con más triunfos es el Kashima Antlers, con siete títulos de liga.

Dos gigantes del fútbol europeo, el Inter de Milán y el Bayern de Múnich, compiten en un partido de la Liga de Campeones de la UEFA en 2011. Ambos equipos han llegado a la final de esta competición (antes llamada Copa de Europa) en un total de 13 ocasiones.

Los equipos nacionales también participan en competiciones internacionales, como la Liga de Campeones de la UEFA y la Copa Asiática. La competición continental más antigua, la Copa América, para clubes de Sudamérica, comenzó en 1916. La Copa Africana de Naciones comenzó con tan sólo tres equipos en 1957, pero ahora participan más de 50. Cada país envía también equipos masculinos y femeninos a participar en los Juegos Olímpicos de verano.

SAMUEL ETO'O

El delantero estrella de Camerún, Samuel Eto'o, es el máximo goleador de la Copa Africana de Naciones, con 18 goles en seis torneos.

El Leyton Orient, de tercera división, juega contra el Arsenal en un partido de la Copa FA inglesa en 2011. La Copa FA, que se jugó por primera vez en 1871-1872, es la competición de copa más antigua que aún se disputa.

El LDU de Quito juega contra el club uruguayo Peñarol en la Copa Libertadores de 2011. Tres años antes el LDU de Quito se convirtió en el primer equipo ecuatoriano en ganar la competición.

El australiano Brett Holman (derecha) lucha contra el iraquí Qusai Munir durante la Copa Asia 2011. Australia comenzó a competir en el fútbol asiático en 2007, el año en que Irak ganó el título.

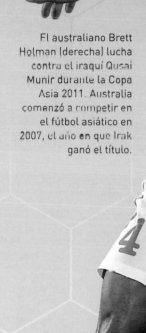

Los jugadores de Egipto celebran su tercera victoria consecutiva en la Copa Africana de Naciones en 2010. Es el equipo de mayor éxito de dicha competición, con siete victorias.

La Copa del Mundo

Desde que comenzó en 1930, la Copa del Mundo de la FIFA es la máxima competición de fútbol. Jugadores de más de 200 equipos nacionales sueñan con clasificarse para el torneo de 32 equipos que se celebra cada cuatro años. Los equipos que llegan a la fase final de la Copa del Mundo saben que están a tan sólo siete partidos de levantar el famoso trofeo de campeones del mundo.

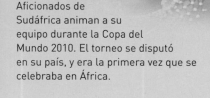

Iker Casillas levanta en el aire el trofeo de la Copa del Mundo mientras sus compañeros del equipo español celebran su victoria en la Copa del Mundo 2010, frente a más de 84.000 espectadores.

Aficionados de Sudáfrica animan a su equipo durante la Copa del Mundo 2010. El torneo se disputó en su país, y era la primera vez que se celebraba en África.

Los jugadores brasileños celebran un gol contra Escocia en un partido amistoso. La Copa del Mundo de 2014 se disputará en Brasil, y la final se jugará en Río de Janeiro.

Los equipos disputan partidos en cada continente para clasificarse en el mundial. Luego se dividen en ocho grupos, cada uno de cuatro equipos. Los dos mejores de cada grupo se enfrentan en una eliminatoria. Las siguientes tres rondas de partidos determinan qué dos equipos disputarán la final. Brasil es el país que más veces ha ganado, con cinco Copas del Mundo, Italia ha ganado cuatro Copas y Alemania tres.

La alemana Linda Bresonik defiende frente a Argentina durante un partido de la Copa del Mundo femenina de 2007, en el que Alemania ganó 11-0.

La Copa del Mundo femenina de la UEFA comenzó en 1991 y ha contribuido a llamar enormemente la atención sobre el fútbol femenino. Estados Unidos, Noruega, Japón y Alemania han ganado todas las competiciones, mientras que China, Brasil y Suecia han llegado a la fase final.

A tan sólo cuatro minutos del final de la prórroga, Andrés Iniesta supera la defensa del portero Maarten Stekelenburg y marca el gol con el que España consiguió la victoria de la Copa del Mundo en 2010, galardonada con 30 millones de dólares de premio.

Diego Forlán controla el bote del balón, protegiéndolo de sus rivales surcoreanos durante la Copa del Mundo 2010. Con cinco goles, Forlán recibió el Balón de Oro como mejor jugador del torneo.

Términos **PRÓRROGA:** tiempo extra del partido en algunas competiciones, cuando el marcador está en empate tras el final del partido.

Leyendas del fútbol

A lo largo de la historia del fútbol, algunos jugadores han asombrado y deslumbrado con su habilidad, su forma física y su osadía.
Te presentamos algunas de las grandes leyendas y estrellas del fútbol mundial.

Franz Beckenbauer

Excelente defensa del Bayern de Múnich, Franz Beckenbauer revolucionó el papel de mediocampista creando y organizando el juego. Marcó 14 veces para su país; fue capitán de su selección durante su victoria en la Copa del Mundo de 1974 y su entrenador durante la conquista de la Copa del Mundo de 1990.

Lionel Messi

El genial delantero argentino ha desarrollado su carrera profesional en el Barcelona, donde ha sorprendido con asombrosos regateos y goles extraordinarios. En la actualidad se le considera el mejor delantero del mundo.

Michel Platini

Miembro de un exitoso equipo francés entre 1970 y 1990, Platini daba unos excelentes pases, lanzaba unos tiros libres espectaculares y marcaba goles con frecuencia. Desde 2007 es presidente de la UEFA, el organismo que dirige el fútbol europeo.

David Beckham

David Beckham jugó diez años con el Manchester United, donde sus precisos pases y sus diestros tiros libres ayudaron al equipo a conseguir seis títulos de Liga y la Liga de Campeones de la UEFA en 1999. Su paso por el Real Madrid fue seguido por su traspaso al LA Galaxy en 2007.

Hakan Sükür

Este delantero turco jugó tres temporadas con el Galatasaray y marcó más de 350 veces para diferentes clubes. Entre sus 51 goles para el equipo nacional turco se incluye el gol más rápido de la Copa del Mundo, marcado 10,89 segundos después del inicio del partido, cuando Turquía terminó en tercera posición en la Copa del Mundo 2006.

Marta Vieira

De baja estatura, pero con un poderoso tiro, esta delantera brasileña es considerada la mejor jugadora del mundo y ha ganado el Balón de Oro de la FIFA 5 veces consecutivas.

Lev Yashin

Este portero jugó más de 20 años para el Dinamo de Moscú, de 1949 a 1971, y jugó para la selección de la Unión Soviética en 78 ocasiones. En cada Copa del Mundo se concede ahora el trofeo Lev Yashin al mejor guardameta.

George Best

Caprichoso, pero brillante, George Best jugó para más de doce clubes, pero se le conoce sobre todo por sus increíbles jugadas con el Manchester United. Capaz de unos espectaculares tiros con efecto y de regatear a toda una defensa, Best entretuvo a millones de aficionados.

Términos | **MEDIOCAMPISTA:** jugador que se sitúa en medio del campo. Constituye un vínculo esencial entre la defensa y el ataque.

Iker Casillas

Uno de los mejores porteros de la actualidad, Casillas ha jugado toda su carrera futbolística en el Real Madrid. Se le conoce por su agilidad, y en 2010 fue considerado el mejor guardameta del mundo en la Copa del Mundo, que ganó España.

Ferenc Puskas

Con un poderoso tiro, Ferenc Puskas era la joya de la corona de un equipo húngaro que ganó los Juegos Olímpicos de 1952 venciendo a sus rivales con su juego de ataque. Ganó tres Copas de Europa con el Real Madrid.

Pelé

Aunque se discute si ha sido el mejor futbolista de todos los tiempos, Pelé fue con seguridad el mejor delantero del mundo, con 77 goles para Brasil y más de 1.200 para el Santos y sus otros clubes. Ha sido el único jugador en ganar tres medallas de Copa del Mundo, y es una figura muy querida y respetada en el mundo del fútbol.

Cristiano Ronaldo

Con una velocidad de infarto y una fuerza descomunal, Ronaldo es una superestrella del fútbol actual.
Pasó del Manchester United al Real Madrid en 2009 y ha seguido marcando con una media de más de 20 goles por temporada.

Eusébio

La primera estrella del fútbol africano, Eusébio, se trasladó de su Mozambique natal para jugar con el Benfica en 1960. Marcó más de 450 goles para su club y fue el máximo goleador durante la Copa del Mundo de 1966, con nueve goles.

Birgit Prinz

Poderosa jugadora y letal goleadora, Prinz fue la jugadora más joven en participar en una final de la Copa del Mundo en 1995. Desde entonces ha jugado más de 200 veces para Alemania.

Diego Maradona

El único rival real que podría arrebatarle la corona de mejor jugador de la historia a Pelé, este polémico delantero argentino era muy rápido. Marcó el gol del siglo de la FIFA, tras una carrera de 60 metros eludiendo a gran parte de la defensa de Inglaterra en la Copa del Mundo de 1986.

Gheorghe Hagi

Impredecible y con una gran habilidad, Gheorge Hagi fue el mejor futbolista rumano de los años 80 y 90, con 125 partidos para su selección y 34 goles marcados para su país. Tras jugar algunas temporadas con equipos como el Real Madrid, Hagi ayudó al Galatasaray a ganar la Copa de la UEFA en el 2000.

Términos **PARTIDOS CON LA SELECCIÓN:** número de veces que ha participado un jugador con la selección de su país.

Johan Cruyff

Este delantero de talento marcó 33 veces en 48 partidos para la selección holandesa. Disfrutó de un gran éxito en el Ajax y posteriormente en el Barcelona.

Zbigniew Boniek

Fue autor de un asombroso triplete (tres goles) contra Bélgica en la Copa del Mundo de 1982, en la que Polonia acabó en tercera posición. Boniek fue un delantero centro muy potente. Tras jugar siete temporadas con el Widzew Lodz se unió a Michel Platini en el Juventus, donde ganó varios títulos de Serie A y la Copa de Europa en 1985.

Xavi Hernández

Un verdadero maestro desarmando a la defensa, Xavi ha jugado siempre en el Barcelona, club con el que ha ganado seis títulos de Liga española y tres coronas de la Liga de Campeones. Xavi ha ganado también la Eurocopa 2008 y la Copa del Mundo 2010 con España.

Zinedine Zidane

Zidane jugó un papel fundamental para Francia en la victoria de la Copa del Mundo en 1998 y en la victoria de la Copa de Europa en el 2000. Su vertiginosa arrancada, sus increíbles regateos y su excelente conocimiento del juego le permitieron batir a la defensa con pases o carreras de ataque. Zidane ha jugado varias temporadas con el Juventus y el Real Madrid antes de retirarse en 2006.

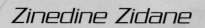

Kelly Smith

Los goles y el trabajo de Kelly Smith ayudaron al Arsenal Ladies FC a conseguir cuatro títulos de liga y tres Copas FA inglesas femeninas. Ha jugado en más de 100 ocasiones para su selección nacional.

Hristo Stoichkov

El jugador más famoso de Bulgaria, Stoichkov tiene una gran aceleración y un tiro letal. Experto en tiros libres, marcó 37 goles para su equipo nacional, que finalizó cuarto en la Copa del Mundo de 1994.

Mia Hamm

Una de las futbolistas de la generación dorada de América, Mia Hamm ha ganado Copas del Mundo y medallas de oro olímpicas. Fue la primera futbolista en superar la barrera internacional de los 100 goles en 1999, testimonio de su juego brillante, atlético y muy completo.

Landon Donovan

Superestrella de la Liga mayor de fútbol estadounidense durante sus temporadas en el San José Earthquakes y el LA Galaxy, Donovan ha jugado también en el Bayer Leverkusen y jugó unas breves temporadas con el Bayern de Múnich y el Everton. Hizo su debut con Estados Unidos frente a México en el 2000, y desde entonces se ha convertido en el máximo goleador del equipo estadounidense, con 45 goles.

Ronaldo

Tras comenzar su carrera profesional con el equipo brasileño Cruzeiro, Ronaldo se trasladó a Europa, donde jugó para el PSV Eindhoven, el Barcelona, el Inter de Milán y el Real Madrid, además de marcar 60 goles para la selección brasileña. Su total de 15 goles en la Copa del Mundo es un récord histórico.

Términos · SERIE A: campeonato más importante de la liga italiana de fútbol.

Glosario

amortiguar
Ralentizar la velocidad del balón con una parte del cuerpo, como el pie, el pecho o la cabeza.

área de penalti
Área rectangular de 40,2 metros de anchura que rodea la portería.

barrera
Línea de defensas que protegen la portería frente a un tiro libre.

bloqueo
Técnica defensiva que consiste en retrasar el movimiento de un jugador del equipo contrario que tiene el balón para que no pueda dar un pase ni continuar su ataque.

calentamiento
Rutina de estiramientos y ejercicios suaves que los jugadores hacen para preparar su cuerpo antes de un entrenamiento o de un partido.

cambio
Sustitución de un jugador de un equipo por otro que está en el banquillo.

chilena
Tipo de tiro que consiste en chutar el balón hacia atrás haciéndolo pasar por encima de la cabeza mientras el cuerpo está en el aire, paralelo al suelo.

desempate por penaltis
Método que decide el resultado de un partido empatado y que consiste en lanzar penaltis en una de las porterías.

desvío
Cambio súbito de dirección del balón después de haber sido golpeado por un jugador.

empeine
Parte del pie del jugador donde se atan los cordones de las botas.

en línea de gol
Colocar tu cuerpo entre la portería y el balón o el atacante.

escudo
Técnica para proteger el balón colocando tu cuerpo entre tu rival y el balón.

FIFA
Abreviatura de Fédération Internationale de Football Association, el organismo que dirige el fútbol internacional.

fintar
Hacer un ademán o amago con el cuerpo para engañar al rival.

flexibilidad
Capacidad de mover más o menos las articulaciones y otras partes del cuerpo.

formación
Forma en que se dispone un equipo en el campo según los defensas, centrocampistas y delanteros.

interceptar
Cuando un equipo hace un pase pero el otro obstaculiza el tiro y se hace con la posesión del balón.

jugador de campo
Cualquier miembro del equipo excepto el portero.

larguero
Barra horizontal de la portería que conecta los dos postes de la misma.

linier
Auxiliar del árbitro principal que vigila el juego en las bandas laterales del campo.

marcaje de zona
Cuando cada jugador de la defensa marca una zona determinada del campo.

marcar
Vigilar a un jugador del equipo contrario para evitar que avance hacia la meta, haga un pase sencillo o reciba el balón de otro compañero.

mediocampista
Jugador que se sitúa en medio del campo. Constituye un vínculo esencial entre la defensa y el ataque.

merchandising
Recuerdos, ropa y otros productos que salen a la venta y que compran los aficionados de un club o de una selección nacional.

partidos de selección
Número de veces que ha participado un jugador con la selección de su país.

pase al hueco
Pase que un compañero hace a otro que está por detrás de la defensa del equipo contrario.

pase cruzado
Un pase enviado desde una distancia larga al área de penalti.

pase de tacón
Pase corto hecho con el talón.

penalti
Tiro que se concede a un equipo cuando el equipo contrario ha hecho falta en el área de meta. Durante el lanzamiento del penalti sólo pueden estar en el área el portero y el jugador que va a lanzar.

posesión
Cuando un jugador o equipo tiene el control del balón.

primer defensa
El defensa más cercano al lanzamiento del córner, que suele colocarse en el poste más cercano.

profesional
Fútbol practicado por jugadores que reciben un salario por dedicarse a él por completo.

prórroga
Tiempo extra del partido en algunas competiciones, cuando el marcador está en empate tras el final del partido.

regatear
Correr con el balón, manteniendo un estrecho control sobre él entre los pies.

resistencia
Capacidad de un jugador para jugar al límite de sus posibilidades durante un largo período de tiempo.

rival
Jugador del equipo contrario.

ruleta
Tipo de regateo que consiste en pisar el balón y girar sobre uno mismo.

serie A
Campeonato más importante de la liga italiana de fútbol.

solaparse
Correr por detrás de un compañero de equipo por la línea de banda.

táctica
Métodos de juego que se utilizan para superar o derrotar al equipo contrario.

tarjeta amarilla
Tarjeta que enseña el árbitro para amonestar a un jugador que ha cometido una falta.

tarjeta roja
Tarjeta que enseña el árbitro para expulsar a un jugador del terreno de juego como sanción por haber cometido una falta grave.

tiro con efecto
«Doblar» la trayectoria del balón. Se consigue un golpe con efecto dando al balón con el lateral del pie de forma que salga girando sobre sí mismo en una determinada dirección.

tiro libre
Tiro que el árbitro concede a un equipo cuando el contrario ha infringido una de las reglas del juego.

UEFA
Abreviatura de Union of European Football Association, el organismo que dirige el fútbol europeo.

vaselina
Disparo suave con trayectoria muy curva que hace volar la pelota por encima de uno o varios jugadores contrarios.

ventaja
Cuando el árbitro permite que el juego continúe aunque se haya cometido falta.

Páginas web

www.fifa.com/en/index.html
Página web oficial del organismo que dirige el fútbol mundial. Contiene información sobre las clasificaciones y los resultados de las principales competiciones.

www.uefa.com
Web de la Union of European Football Association, el organismo que dirige los Campeonatos de Europa y la Liga de Campeones.

http://news.bbc.co.uk/sport1/hi/ football/skills/default.stm
Colección de vídeos y diagramas que muestran formas de mejorar las habilidades del fútbol.

www.planetworldcup.com/ index.html
Página web afín a la Copa del Mundo de la FIFA, repleta de datos, palmarés y perfiles de los jugadores.

http://www.lfp.es/
Página oficial de la Liga de Fútbol Profesional española, con información sobre los resultados, el calendario de los partidos y los últimos fichajes.

http://www.rfef.es/
Página web oficial de la Real Federación Española de Fútbol, con noticias sobre la selección nacional masculina y femenina.

http://www.marca.com/
Página web de uno de los principales periódicos deportivos españoles, con abundante y detallada información sobre los partidos, resultados, clubes y declaraciones de los jugadores del fútbol español.

Índice de nombres

Créditos de las fotografías

El editor quiere agradecer a los que siguen la autorización para reproducir este material. Se ha procurado buscar a los propietarios del copyright. Sin embargo, si ha habido alguna omisión no intencionada o no se ha conseguido encontrar a los propietarios del copyright, pedimos disculpas y, si se nos informa de ello, lo enmendaremos en la próxima edición.

t = arriba; b = abajo; c = centro; l = izquierda; r = derecha
6bl Bongarts/Getty Images, 6-7c Getty Images, 7bl Getty Images, 7tr AFP/Getty Images, 8 Getty Images, 15tr Getty Images, 17tr The FA via Getty Images, 19bl Bongarts/Getty Images, 19br AFP/Getty Images, 21br Getty Images, 23tr AFP/Getty Images, 26bl AFP/Getty Images, 27tr AFP/Getty Images, 29tr AFP/Getty Images, 30bl Bongarts/Getty Images, 34bl Bongarts/Getty Images, 37tl Getty Images, 44bl The FA via Getty Images, 45tr Getty Images, 50t Joachim Ladefoged/VII/Corbis, 50cr LatinContent/Getty Images, 50b AFP/Getty Images, 51tl Getty Images, 51bl Getty Images, 51r MLS via Getty Images, 52cl AFP/Getty Images, 52tr Getty Images, 52b Getty Images, 53tl AFP/Getty Images, 53tc Getty Images, 53tr AFP/Getty Images, 53b AFP/Getty Images, 53br AFP/Getty Images, 54cl AFP/Getty Images, 54b AFP/Getty Images, 54-55 Getty Images, 54-55b AFP/Getty Images, 55tr AFP/Getty Images, 55br 2010 Bob Thomas/Getty, 56bl Bob Thomas/Getty Images, 56r AFP/Getty Images, 57tl WireImage/Getty Images, 57tr AFP/Getty Images, 57br Getty Images, 58tl AFP/Getty Images, 58tr AFP/Getty Images, 58b Time & Life Pictures/Getty Images, 59t Getty Images, 59cl Bongarts/Getty Images, 59cr Getty Images, 59b Bob Thomas/Getty Images, 60tl AFP/Getty Images, 60tr Bob Thomas/Getty Images, 60b AFP/Getty Images, 61l Getty Images, 61tr Bob Thomas/Getty Images, 61b AFP/Getty Images.